Dr K M A Ahamed Zubair

Caravana sedenta: Explorando a busca perpétua do amor nas narrativas

Dr K M A Ahamed Zubair

Caravana sedenta: Explorando a busca perpétua do amor nas narrativas

Coleção de contos árabes da Dra. Sanaa Sha'lan: Análise das dinâmicas de género e do simbolismo social em Qafila al-'Athsh

ScienciaScripts

Imprint

Any brand names and product names mentioned in this book are subject to trademark, brand or patent protection and are trademarks or registered trademarks of their respective holders. The use of brand names, product names, common names, trade names, product descriptions etc. even without a particular marking in this work is in no way to be construed to mean that such names may be regarded as unrestricted in respect of trademark and brand protection legislation and could thus be used by anyone.

Cover image: www.ingimage.com

This book is a translation from the original published under ISBN 978-620-7-47858-3.

Publisher:
Sciencia Scripts
is a trademark of
Dodo Books Indian Ocean Ltd. and OmniScriptum S.R.L publishing group

120 High Road, East Finchley, London, N2 9ED, United Kingdom
Str. Armeneasca 28/1, office 1, Chisinau MD-2012, Republic of Moldova, Europe
Printed at: see last page
ISBN: 978-620-8-03163-3

Caravana sedenta: Explorando a busca perpétua do amor nas narrativas

Coleção de contos árabes da Dra. Sanaa Sha'lan: Análise das dinâmicas de género e do simbolismo social em *Qafila al-'Athsh*

Dr. K.M.A.Ahamed Zubair

Professor associado de árabe, The New College,
Chennai 600 014, Índia

1

اللغة العربية تحمل كلمة الله، وروح محمد ﷺ، وسر الإسلام،

Esta obra foi dedicada aos missionários islâmicos
indianos (1500-1800)

Prefácio

O poder de contar histórias não reside apenas no conto em si, mas nas camadas de profundidade que desvenda. "Thirst Caravan", de Sanaa al-Shaalan, é uma tapeçaria de simbolismo, ideologia e comentário social, tecida no tecido intrincado de uma narrativa que tem como pano de fundo o deserto. Este ensaio tem como objetivo dissecar os elementos temáticos, aprofundar as nuances narrativas e desvendar as profundas implicações contidas no texto.

"Caravan of Thirst", de Sanaa Al Shaalan, é uma expedição literária às emoções intrincadas, aos desejos fervorosos e às ligações humanas profundas, tecidas de forma intrincada ao longo de quinze narrativas convincentes. Cada história desta coleção encerra uma faceta distinta da experiência humana, mergulhando na natureza multifacetada da saudade, do amor e da busca incessante de realização. Estes contos atravessam o labirinto das emoções, convidando os leitores a explorar as profundezas dos desejos humanos e a eterna busca de contentamento

Dr. K M A Ahamed Zubair

Conteúdo

Introdução

"Thirst Caravan", de Sanaa al-Shaalan, é uma narrativa que transcende as fronteiras da narração de histórias, tecendo uma rica tapeçaria de complexidades temáticas e reflexões culturais. Este ensaio aventura-se no coração da história, dissecando o seu simbolismo, explorando o choque de ideologias e descobrindo as subtis nuances que falam muito sobre as normas sociais e as lutas individuais no contexto árabe.

O cenário, uma paisagem desértica e agreste, torna-se mais do que um simples pano de fundo - serve de tela sobre a qual as injustiças sociais, as tradições e as lutas são vividamente retratadas. Através de uma análise cuidadosa do contexto temporal, dos diálogos, da perspetiva narrativa e das escolhas estilísticas, este ensaio tem como objetivo descascar as camadas da narrativa, revelando os temas profundos e as percepções imbuídas em "Thirst Caravan".

Em "Caravan of Thirst", Sanaa Al Shaalan cria um mosaico de narrativas que atravessam as paisagens das emoções humanas, das relações e do incessante desejo de amar. A coleção começa com "Caravan of Thirst", uma história emblemática dos constrangimentos sociais e da resiliência da feminilidade no meio dos constrangimentos das normas sociais. Esta narrativa lança as bases, envolvendo os leitores num mundo repleto de anseios não satisfeitos e desejos contidos.

Os contos subsequentes, como "Uma mensagem para Deus", "O trapo" e "Coração para todos os corpos", tecem intrincadamente a tapeçaria emocional, retratando o desespero, a rejeição e a busca do amor puro. Cada história, elaborada com uma prosa pungente e imagens evocativas, descasca camadas de vulnerabilidade humana, revelando as complexidades intrincadas dos desejos do coração.

A coleção culmina com "The Envy" (A Inveja), uma história que ecoa o tema geral da eterna perseguição, deixando os leitores introspectivos sobre a busca interminável do ideal, do inatingível e da esperança duradoura de realização.

Sanaa Al-Shala'an e a história da *Caravana da Sede*

Estudo da história ("Caravana da sede"):

A história da "Caravana da Sede" abre um leque de dimensões intelectuais, culturais e sociais da nossa sociedade árabe. É uma narrativa de grande flexibilidade, interpretada pelo leitor de vários ângulos. A narradora é oriunda de um ambiente que oprimiu os direitos das mulheres durante décadas. No entanto, surgiram vozes a condenar esta injustiça e a lutar para restaurar o que foi retirado às mulheres, intencionalmente ou não. Esta história torna-se um desses gritos ansiosos para restaurar o verdadeiro valor das mulheres no nosso mundo árabe.

Resumo dos acontecimentos da história:

Passada no deserto, a história mostra uma tribo Ghazi a derrotar outra tribo e a capturar as suas mulheres. O líder da tribo vitoriosa apaixona-se por uma das cativas, aparentemente a filha do líder da tribo derrotada. Recusa a oferta da tribo derrotada de resgatar as mulheres com dinheiro e, em vez disso, honra a rapariga que ama concedendo-lhes a liberdade. A tribo vencedora também fornece comida e água. O clímax ocorre quando a bela rapariga cativa, contrariando as expectativas, rejeita deixar o seu captor e opta por ficar com ele, desafiando as normas e os obstáculos da sociedade para alcançar a sua liberdade feminina. A história termina com o regresso da caravana, carregada de vergonha devido ao impacto das acções da rapariga na sua honra. Os homens da tribo, ao regressarem, matam as suas mulheres por sede testemunhada aos seus olhos, temendo que elas possam causar vergonha, como aconteceu com a heroína no texto.

O tema principal da história:

A narrativa assenta em duas correntes intelectuais antagónicas: uma que apoia as reivindicações legítimas das mulheres, procurando a sua libertação de crenças prejudiciais e pensamentos negativos que as fazem regredir a costumes antiquados (representada pelo movimento beduíno), e outra que condena os esforços sinceros de libertação das mulheres da crueldade dos costumes e tradições prevalecentes, impedindo qualquer progresso na emancipação das mulheres (representada pelos homens da Caravana da

Sede). Esta estrutura revela o significado pretendido pelo autor.

O significado do título "Caravana da Sede":
O título é fundamental em qualquer obra literária, servindo como chave processual onde convergem as componentes criativas, focando o estado condensado dos acontecimentos dentro da estrutura narrativa. Revela também aspectos culturais, sociais, intelectuais e psicológicos que constituem a base da história. O título retrata a caravana como transportando principalmente água no deserto. No entanto, a adição de "sede" cria intriga no leitor, suscitando questões sobre o objetivo do autor. O título destaca a dualidade fundamental da história, dominando-a desde o título até à sua conclusão.

A "sede" simboliza o anseio e a saudade das mulheres pelos seus direitos, aspirações e esperanças roubados por uma sociedade que via as mulheres apenas como instrumentos para as emoções e a reprodução dos homens. Significa a necessidade da mulher pelos seus direitos, tão essenciais à sua vida e existência como a água é para a humanidade, apresentando uma crítica social realista dos direitos das mulheres no nosso mundo árabe.

Os pontos centrais da história:

O beduíno escuro, numa perspetiva negativa, representa os opressores que privam as mulheres da sua liberdade e dignidade.
No entanto, do ponto de vista de mulheres determinadas que procuram a mudança, ele torna-se o libertador e salvador, semelhante a uma palha para uma pessoa que se está a afogar alcançar a segurança.

As mulheres que embarcaram na Caravana da Sede, acreditando que era para a sua redenção, são as que rejeitam qualquer retrato de uma nova imagem da mulher. Preferem ficar e voltar ao que era, por medo do futuro desconhecido. Representam a corrente feminista presa atrás de muros de medo, ignorância e opções limitadas.

A bela rapariga cativa, que escolhe ficar com o seu captor, simboliza o movimento feminista que exige os seus direitos e procura criar uma nova realidade para as mulheres árabes em todos os seus aspectos. Este movimento encarna as mulheres nas suas formas mais poderosas - assertivas, belas, rejeitadoras e cativantes em simultâneo. Estas contradições para as mulheres forjaram uma existência ativa e contrastante, ao contrário do que a sociedade conhecia delas, projectando apenas uma dimensão, não para além das expectativas negativas.

O que é notável nesta história é o predomínio dos valores individuais sobre os valores comunitários. O beduíno escuro (o captor) representa uma corrente contraditória em relação ao grupo de homens que vieram reclamar as mulheres. A bela mulher (a cativa) simboliza uma corrente contrária ao grupo de mulheres que embarcou na Caravana da Sede para regressar ao seu estado anterior. Isto indica que, como sociedade árabe, ainda estamos no início de um caminho para aceitar uma nova imagem ou realidade para as mulheres árabes. O indivíduo positivo contra o coletivo negativo sugere que a grande maioria ainda resiste e não é totalmente capaz de abraçar todo o alcance da mudança.

Personagens principais:

A. Personagens principais: A história gira em torno de duas personagens centrais: o beduíno sombrio e a bela rapariga cativa.

O beduíno sombrio: Uma personagem forte e corajosa, capaz de defender as suas ideias, vendo um futuro melhor nas coisas novas que estão a chegar. Recusa a opressão das mulheres e a supressão da sua liberdade. Esta personagem representa a corrente masculina de apoio à mulher, advogando a sua defesa e reconhecimento, favorecida pelas próprias mulheres. A bela rapariga cativa: Personagem central rebelde contra a realidade da vida das mulheres no mundo árabe, rejeitando-a. Assertiva e aspirando a alcançar o melhor no seu mundo feminino privado de muito desde tempos remotos, os acontecimentos conduziram-na por caminhos inesperados e bizarros. Ela procurou impor uma nova realidade, com uma visão melhor e mais profunda, centrada na complementaridade do homem e da mulher nas nossas sociedades árabes.

B. Personagens secundárias:

O ancião da tribo representa um carácter firme nas suas crenças, não inclinado para a mudança ou renovação, preferindo manter-se sob tradições duras e opressivas que negam às mulheres qualquer valor ou consideração. Vêem as mulheres como desprovidas de vontade, sempre sob o controlo dos homens. No entanto, ele fica surpreendido com o facto de a filha quebrar os limites das suas expectativas e da sua tribo, lutando persistentemente pelo auge da liberdade humana feminina, formando a sua própria identidade e mundo.

Os homens da tribo representam a visão ignorante das mulheres, o que se manifesta no facto de matarem as suas filhas jovens no regresso da caravana, simbolizando a morte dos sonhos e esperanças antes de se concretizarem.

As raparigas simbolizam as figuras oprimidas, inocentes, sem defeitos, mas destinadas a crescer sonhando com a posse do seu mundo roubado.

O cenário:

A autora escolheu o deserto como pano de fundo para os acontecimentos, não ao acaso, mas pelo seu profundo simbolismo, inserido na estrutura narrativa da história. O deserto encarna a privação, a perda e a negação, não tendo qualquer valor para as mulheres nesse ambiente.

A escolha intencional deste cenário por parte da autora está de acordo com as intenções da história por duas razões: Em primeiro lugar, a natureza agreste e seca do deserto é paralela à severidade das tradições e costumes árabes, realçando a sua opressão dos direitos das mulheres. Em segundo lugar, o facto de o deserto ser a pátria original dos árabes sugere que esta é a antiga visão árabe das mulheres. Os árabes ainda se agarram às suas tradições herdadas dos tempos tribais.

Tempo:
Na Caravana da Sede, o tempo condensa-se no dia em que a caravana veio buscar os seus cativos, com surpresas a nível cultural e civilizacional para os homens da tribo. Termina com o lamento da tribo ao anoitecer. De um modo geral, a época em que se passa a história remete-nos para a era pré-islâmica, em que enterrar as meninas era um "ritual cruel". Esta época alinha-se com o tema principal, realçando a falta de valor das mulheres e o tratamento injusto que receberam historicamente.

Diálogo:

O diálogo revela a posição intelectual de cada personagem na história. Por exemplo, a conversa entre o líder tribal e o beduíno negro expõe a oposição ideológica que cada um defende. Do mesmo modo, o diálogo entre o beduíno escuro e a rapariga bonita ilustra a natureza da posição e da corrente cognitiva favorecida pelas mulheres. Estes diálogos alinham-se mais claramente com o tema central, permitindo ao narrador persuadir o leitor.

O Narrador:

A narradora assume o papel de uma contadora de histórias conhecedora, revelando desde o início da história a sua inclinação para os valores individuais em detrimento dos comunitários. Ela critica a tribo e rejeita os seus conceitos e crenças. A intervenção da narradora através de comentários e descrições enfatiza ainda mais o seu preconceito contra a tribo, estabelecendo o seu alinhamento com os valores individuais em contraste com os valores tribais.

O enredo:

O enredo torna-se evidente quando a rapariga se recusa a regressar à sua família e tribo, preferindo o cativeiro a elas. Esta recusa quebra as expectativas do pai, da tribo e do leitor, acrescentando beleza à história. Se ela tivesse regressado, teria sido um desfecho familiar e convencional, ultrapassando assim os limites de uma narrativa típica.

Língua e estilo:

A linguagem do autor emprega o árabe clássico, livre de coloquialismos, enquanto as expressões utilizadas carregam significados simbólicos sem resvalar para interpretações diretas. A linguagem é condensada, poética, carregando uma multiplicidade de imagens artísticas que servem o objetivo da história. Além disso, o autor utiliza a herança árabe, como se vê na referência ao enterro das raparigas, o que reforça a dimensão estética e simbólica do texto.

O escritor adere à língua e à literatura árabes refinadas, evitando a linguagem coloquial e integrando um estilo poético, o que permite um tratamento narrativo que preserva o aspeto literário, evitando cair na armadilha da história. No que respeita ao estilo, a expansão da narrativa contrasta com a redução do diálogo, indicando uma falha nas relações humanas neste cenário desértico. A redução do diálogo implica uma incapacidade de comunicação entre géneros, em que os homens ditam o que consideram apropriado e as mulheres executam sem discussão. Esta técnica estilística também serve o objetivo principal da história, lançando luz sobre a repressão, a privação e o silenciamento na narrativa.

:

.

Análise de temas e elementos em "Thirst Caravan" de Sanaa al-Shaalan

A obra de Sanaa al-Shaalan, "Thirst Caravan", tece intrincadamente uma narrativa rica em profundidade temática, simbolismo e elementos estilísticos. Explorando a situação das mulheres na dura e implacável paisagem do deserto, a história revela normas sociais, o choque de ideologias e a luta pela individualidade contra tradições opressivas.

O cenário como simbolismo
A escolha deliberada do deserto como pano de fundo da história reflecte a crueldade dos costumes árabes, espelhando a sua opressão histórica das mulheres. Este cenário serve de metáfora para a natureza seca e estéril das tradições, rígidas e inflexíveis como o ambiente agreste do deserto. Além disso, o facto de o deserto ser a pátria dos árabes simboliza uma perspetiva antiga sobre as mulheres, retratando o domínio duradouro das tradições tribais que persistiram ao longo de gerações.

Contexto temporal: Era Pré-Islâmica

A narrativa desenrola-se num período de tempo condensado, centrado principalmente no dia em que a Caravana da Sede chega para reclamar os seus cativos. Este enquadramento numa era pré-islâmica amplifica o tema da desvalorização da mulher, vividamente retratado através do enterro de crianças do sexo feminino como um "ritual cruel". Este contexto temporal enfatiza a injustiça histórica e a falta de reconhecimento dos direitos das mulheres, enraizados nas normas sociais.

Diálogos como vitrinas ideológicas
As conversas entre as personagens revelam conflitos ideológicos e perspectivas sociais. O diálogo entre o líder tribal e o beduíno escuro reflecte posições ideológicas contrastantes, enquanto a interação entre o beduíno e a rapariga bonita ilumina as correntes cognitivas favorecidas pelas mulheres. Estes diálogos funcionam como espelhos que reflectem o choque entre diferentes visões do mundo, acentuando a luta pela individualidade no quadro coletivo da sociedade.

Perspetiva Narrativa: A voz do autor
A voz narrativa assume um papel omnisciente, guiando os leitores através dos acontecimentos e criticando implicitamente as normas e os valores

tribais. Ao rejeitar as ideologias da tribo, o narrador sublinha um alinhamento com valores individualistas, enfatizando uma crítica subtil às estruturas sociais e ao desequilíbrio de poder.

Enredo: Desafiar as expectativas
O enredo da história subverte as expectativas convencionais quando a rapariga se recusa a regressar à sua família e tribo, optando pelo cativeiro. Esta escolha narrativa acrescenta complexidade e profundidade ao enredo, desafiando as noções preconcebidas dos leitores e acrescentando uma camada inesperada de poder à protagonista feminina.

Língua e estilo: Expressão poética e património cultural
Al-Shaalan emprega uma linguagem árabe refinada, desprovida de coloquialismos, com nuances simbólicas e expressões poéticas. A sua utilização da herança cultural árabe, nomeadamente na referência ao enterro ritualístico de meninas, reforça a estética da narrativa e acrescenta camadas de significado cultural e simbólico.

Concluindo, "Thirst Caravan" encapsula um retrato multifacetado de normas sociais, papéis de género e a luta pela autonomia numa sociedade árabe tradicional profundamente enraizada. Através da sua profundidade temática, cenário simbólico, diálogos matizados e estilo narrativo, a história ecoa a luta contínua pela individualidade e os desafios enfrentados pelas mulheres em sociedades ditadas por normas e tradições rígidas.

Conclusão

Na intrincada tapeçaria de "Thirst Caravan", Sanaa al-Shaalan cria uma narrativa que transcende as fronteiras do tempo e da tradição. Através do cenário árido mas potente do deserto, a autora pinta um quadro vívido das normas sociais, do choque entre a autonomia individual e as tradições colectivas, e da luta pelo reconhecimento numa estrutura patriarcal.

O profundo simbolismo da história, espelhado na dureza do deserto, nos diálogos matizados e na voz omnisciente da autora, diz muito sobre a luta persistente das mulheres na sociedade árabe. "Thirst Caravan" não é apenas uma história, mas um comentário profundo sobre as complexidades das expectativas sociais, a autonomia individual e a procura de poder. À medida que a narrativa se desenrola, deixa uma marca indelével, convidando os leitores a contemplar as intrincadas camadas da existência humana e as construções sociais incorporadas nas suas páginas.

A estética dos títulos nos contos de Sanaa Al-Shaalan: A coleção Thirst Caravan como exemplo

O título é uma peça fundamental na obra literária, servindo de chave processual para onde convergem os componentes da obra criativa. Reúne os elementos que formam a estrutura da obra criativa, orientando o leitor para o núcleo condensado da narrativa no quadro textual. Através deste ponto focal, as perspectivas do leitor desdobram-se, revelando a ligação estética entre o título da obra literária e a sequência de acontecimentos nela contidos.

Os títulos têm uma importância significativa na produção literária, representando uma imagem condensada que transmite a essência da narrativa através de pistas e sinais que se entrelaçam, como uma teia de aranha, colocando o leitor numa experiência interactiva com o texto literário. Esta experiência interactiva envolve uma série de procedimentos de leitura, que se iniciam com o título e culminam na conclusão da obra literária. Assim, o leitor encontra uma nova visão criativa ao envolver-se com o texto literário a partir do seu título.

O título actua como o limiar inicial e, simultaneamente, a fronteira final onde o leitor mergulha no texto, descobrindo a beleza inerente revelada pelo título. Encarna o movimento circular da obra literária, sendo simultaneamente o ponto de partida e a conclusão. A importância dos títulos na criação literária ultrapassa a literatura moderna e contemporânea, como é evidente na atenção que os antigos críticos árabes prestavam aos títulos nos seus escritos, realçando o seu significado.

Historicamente, figuras como Abu Bakr Al-Suli destacaram o papel dos títulos como identidade definidora de uma obra literária. Do mesmo modo, Abu Al-Qasim Muhammad Ibn Abdul Ghafur Al-Kalai desenvolveu a importância dos títulos como indicadores do conteúdo e da substância de uma obra, significando o envolvimento e a interação entre o leitor e o texto e a subsequente exploração do valor estético sugerido pelo título.

Em última análise, um bom escritor seleciona títulos que envolvem a mente do leitor, tornando-o interativo com a obra literária desde o primeiro olhar para o título. Al-Kalai argumentou que o título pode ser nomeado com base em dois aspectos: significar o objetivo do livro ou simplesmente porque representa e encapsula a essência do próprio material escrito.

"E a quem se destina! O primeiro aspeto refere-se ao conteúdo e à essência do livro, enquanto o segundo aspeto engloba o emissor e o recetor da mensagem textual. Aqui, com Al-Kalai, encontramos uma visão abrangente do processo criativo, que inclui três pilares fundamentais: a mensagem, o emissor e o recetor.

O termo "título" pode normalmente referir-se ao assunto do livro, tal como um "endereço". Por isso, é evidente na nossa discussão anterior que o título não estava isolado da visão crítica da cultura árabe. A cultura árabe, com os seus diversos componentes, trazia uma imagem da evolução nas suas melhores formas nos tempos antigos. As perspectivas dos críticos antigos eram abrangentes em relação à produção literária e cultural, incluindo a sua visão evoluída dos títulos, atingindo o seu auge nas eras modernas.

Pode dizer-se que os títulos na literatura árabe passaram por uma fase de evolução desde o início da era islâmica. Quatro factores convergiram para facilitar a evolução dos títulos, que se manifestaram de forma proeminente nos campos de registo do pensamento humano islâmico durante o florescimento da civilização islâmica. Estes factores, entrelaçados e convergentes, representavam a imagem florescente da cultura árabe. Contribuíram para o desenvolvimento da titulatura diretamente ligada à cultura árabe, que atingiu o seu auge durante a era abássida.

Após esta breve abordagem ao conceito de título, é essencial aprofundar os elementos estéticos da leitura do título no texto literário. Nenhum escritor ou autor pode escolher aleatoriamente um título para a sua obra literária; este tem uma intencionalidade significativa. A escrita criativa, por inerência, está longe da inocência; não há textos inocentes. Os textos procuram, através dos pensamentos e emoções do criador, provocar o leitor. No entanto, não se trata de uma provocação hostil, mas sim de um meio para desvendar a beleza do texto em todos os seus pormenores, incluindo o título, que serve de ponto de partida inicial para revelar o que está escondido no texto.

Assim, a estética da receção do título é uma medida, de uma forma ou de outra, da estreiteza ou da amplitude do fosso entre o título e o texto. Assim, a leitura procura estabelecer uma relação entre os dois extremos para preencher essa lacuna. Isto é conseguido pelo empenho do leitor em desvendar a condensação que domina o título através de mecanismos interpretativos e da compreensão conseguida através da interação objetiva entre os elementos do texto e a cultura do leitor.

Estamos, portanto, perante um discurso dialético entre as duas partes (o texto e o leitor). Quando mencionamos o texto, referimo-nos a todas as suas associações, incluindo o criador, porque a escrita é companheira da ausência (a ausência do falante) e da desconexão e rutura, até mesmo da morte, da fonte. Por conseguinte, esta situação significa um impacto na relação espácio-temporal - a titulação, que inclui o nome do texto e o seu criador, torna-se a compensação simbólica ou semiótica da presença que existia e que subitamente desapareceu no momento da produção do texto (o acontecimento de fala). O título torna-se assim o equivalente objetivo do criador e do texto, transportando as marcas do texto, que por sua vez incorpora as marcas do criador que o produziu.

Creio que no momento de escolher um título adequado para a sua obra, o criador ascende a um momento de transcendência. Invoca na sua mente todas as vertentes do texto e os seus pontos fulcrais, levando-o a produzir um outro texto mais condensado do que o narrado. Não será o título, enquanto limiar geral de leitura, crucial, uma vez que representa o primeiro encontro na viagem do leitor? Ele dá uma impressão geral dos significados do texto e significa um duplo limiar destinado a transportar numerosos significados e símbolos, servindo como a primeira porta através da qual o leitor entra no texto literário. O título é um instrumento eficaz de comunicação com o leitor, que transporta em si a essência do texto e suscita a curiosidade e o desejo de explorar o que está por detrás dele. É o espelho de uma condensação artística e de uma visão criativa bem elaborada que cativa a atenção do leitor e o leva a descobrir os mundos e as belezas do texto."

As funções do título abrangem a condensação, a implicação e um eloquente convite à leitura. Abre amplos horizontes de interpretação e revela os aspectos estéticos interligados entre o título e a estrutura do texto. Esta interação evolui para uma relação dialógica através de temas entrelaçados no título da obra literária e na sua estrutura. Os participantes nesta relação dialógica são o leitor e o criador. O aparecimento do título significa o seu domínio e obriga tanto o criador como o leitor. O primeiro, enquanto líder e pioneiro no texto, e o segundo, enquanto ofuscado pela sua autoridade, procurando permissão para entrar no mundo do texto. Quando o leitor entra nos espaços do título, abrem-se amplas avenidas interpretativas, que permitem conhecer os elementos artísticos da estrutura do título.

O título da coleção de contos:

O título de qualquer coletânea de contos serve como eixo fundamental em torno do qual giram os acontecimentos das histórias que a compõem. O título escolhido pelo escritor torna-se a chave da coleção, contendo um fio de seda que liga os acontecimentos do conto aos dos outros contos da coleção. É digno de nota para qualquer leitor perspicaz de obras literárias discernir o significado da escolha de um título específico por um autor dentro dos títulos da coleção. Esta escolha revela a profundidade por detrás da seleção, significando um ponto de viragem significativo na experiência emocional e artística do escritor. A coleção escolhida pelo escritor para ser a chave mágica, através do seu título, permite aos leitores mergulhar nos elementos culturais, sociais, ideológicos e psicológicos incorporados nas histórias. Tomando como exemplo "Caravan of Thirst" de Sanaa Al-

Shalan, podemos explorar a beleza do título desta coleção através de três aspectos: a capa, a dedicatória e, finalmente, o exame do próprio título e da sua estética.

O observador da coleção "Caravana da Sede" encontra na sua capa cinco elementos intrincadamente entrelaçados, formando uma representação precisa e sem qualquer discordância. A capa constitui uma pintura artística completa nos seus elementos, exprimindo a essência dos acontecimentos da coleção de contos. Incorpora elementos dramáticos que lhe conferem vitalidade e dinamismo. Após uma inspeção mais atenta, o estado emocional do criador reflecte-se na pintura, induzindo uma sensação de integração interactiva na mente do leitor, fazendo com que a pintura pareça mover-se em sincronia com os acontecimentos da coleção de contos.

Os cinco elementos que compõem a pintura da capa são os seguintes:

1. O olho direito do contador de histórias.
2. O título é apresentado em duas cores, amarelo e branco.

3. Uma imagem de dois camelos conduzidos por um único pastor.

4. Um desenho de um coração sobre as areias, com traços de dois pés descalços a apontar para ele.

5. O fundo é dominado pelo vermelho carmesim, com um toque de cor escura por baixo da pintura.

O primeiro elemento, o olho do contador de histórias, revela um olhar desejoso e cheio de ambição de saciar a sede da fonte da vida. Simboliza uma luta entre o proibido e o desejo intenso de ultrapassar essas restrições. Este olhar de olhos azuis tem qualidades aquáticas, saciando o sedento, à semelhança da capacidade da água para satisfazer e aliviar a sede.

O segundo elemento, o título em duas cores, amarelo e branco, significa o simbolismo de aridez e dureza do deserto na escolha da cor amarela para "Caravana", enquanto a cor branca em "Sede" simboliza a sede que se sacia nesta paisagem desértica. A palavra "Thirst" (sede) é maior do que "Caravan" (caravana), simbolizando uma sede duradoura, não apenas de água, mas de satisfação emocional e sentimental, sugerindo o tema do amor.

O terceiro elemento da imagem da capa representa dois camelos com um pastor a caminhar a seu lado, segurando as rédeas da caravana. O quarto elemento, um coração desenhado na areia com duas pegadas descalças nas proximidades, sugere o desejo e as aspirações de satisfação, enquanto os pés descalços simbolizam um esforço genuíno para se libertar dos constrangimentos emocionais, com o objetivo de aliviar a saudade que corrói os corações.

Os elementos simbólicos da capa retratam vividamente a busca de saciar uma sede eterna, não apenas de água, mas de satisfação emocional, simbolizando uma jornada sincera para a libertação das barreiras emocionais e o desejo de extinguir a sede que assola os corações.

O quinto elemento da capa, a cor vermelha carmesim que domina o fundo, com exceção de uma pequena área tingida de uma tonalidade escura, tem muitas implicações pertinentes para o contexto do texto. Nesta coleção, a cor vermelha significa a sede humana, manifestada através do amor e da satisfação física. O lábio ligeiramente sorridente representado na capa é um pormenor subtil que só é notado por quem examina atentamente a pintura. Os lábios são um símbolo do beijo e são conhecidos como mensageiros do amor, saciando a sede e o desejo no domínio do afeto. O jogo unificado e harmonioso dos elementos da capa, com sua estética viva, coloca o leitor diante do ponto focal em torno do qual giram os acontecimentos desta coletânea de contos.

A Dedicação:

A dedicatória representa um limiar que encerra a visão do escritor, revelando facetas cognitivas e emocionais através de frases concisas e eloquentes. Enquadra a alta retórica e a sucinta prevalência da narrativa. A dedicatória nesta coleção é expressa de forma intrigante através de uma frase declarativa que inicia a dedicatória, afirmando: "Como têm sede aqueles que não sabem que têm sede". Utiliza o paradoxo linguístico para expressar o espanto perante a intensidade da sede das pessoas, sendo que a ironia reside no facto de não saberem que têm sede. Este paradoxo serve para surpreender o leitor, levando-o a explorar a beleza da dedicatória e a alinhar-se com o apoio do escritor aos inocentes que não reconhecem a sua sede. A dedicatória, que abre a coleção do autor, constitui o núcleo desta obra literária, tornando-se o ponto de convergência das narrativas fragmentadas dos contos da coleção.

A frase-título "Caravana da sede":

O título constitui o núcleo de qualquer obra literária, servindo de chave de acesso aos elementos estruturais que constituem o sentido estético do texto literário. A seleção de um título não é arbitrária ou aleatória; incorpora a essência da obra do escritor. A escolha do título baseia-se nas obras mais próximas do interior do escritor, exprimindo as facetas psicológicas, pessoais e culturais de forma abrangente nas histórias da coleção. Na coleção do contista (Sanaa Al-Shalhan) atualmente em discussão, "Caravana da sede" é a escolha ideal para a identidade da coleção. Representa também a primeira história que encabeça a coleção, encapsulando a visão da escritora que permeia todas as narrativas da coleção. A escritora revela a sua perspetiva sobre a vida dos empobrecidos e desafortunados, envoltos em sede, mas não de água e sim de emoções e sentimentos amorosos. A beleza do título reside na palavra "Caravana". Tradicionalmente, as caravanas que atravessam os desertos transportam sobretudo água. No entanto, o escritor, através do título, transforma esta caravana numa enciclopédia da sede, enchendo as pessoas de amor apaixonado, mas deixando-as em sede perpétua devido a tabus sociais. A "Caravana da Sede" viajou não por água mas por amor, transportando inadvertidamente a sede insaciável de afeto. Este excerto do conto "Caravana da Sede" revela a visão do escritor, ilustrando a sede de amor e de paixão, um vazio que todos os seres humanos se esforçam por preencher com a nobre emoção do amor.

A coletânea de contos "Caravana da sede" é composta por quinze histórias, começando com "Caravana da sede" e terminando com "O corpo". O escritor conseguiu criar títulos imaginativos para as histórias, formando um padrão circular em que o núcleo do primeiro conto se alinha com o último, interligando as histórias intermédias com fios delicados que ligam os elementos da coleção.

"Caravana da Sede" leva o leitor numa viagem, desvendando uma sociedade que priva os indivíduos dos seus direitos básicos, oferecendo energia à feminilidade e um desejo de espera. Esta história serve de ponto de partida. "Uma Mensagem a Deus" retrata o desejo e a queixa, contemplando o dever divino.

"O Trapo" apresenta um conto repleto de emoções intensas, mostrando como entidades desconhecidas podem abrigar sentimentos poderosos, enquanto os humanos continuam a sua existência sem experimentar tais sentimentos.

"Heart for All Bodies" narra a história de uma mulher em busca de um amor genuíno, mas o seu coração permanece vazio quando encontra amor em toda a gente, acabando por voltar ao ponto de partida.

"A Inveja" encerra a coleção com um conto que retrata uma eterna procura, onde a pessoa permanece num perpétuo estado de espera. A caravana refaz a sua viagem na busca do corpo ideal, continuando num ciclo sem alcançar um refúgio de estabilidade.

A imaginação do escritor mistura-se com emoções ricas para criar textos repletos de sentimentos e paixão. Os contos revisitam o início e o fim num loop infinito, deixando o leitor com uma sensação de antecipação contínua e eterna.

A coleção "Caravan of Thirst" da autora Sanaa Al Shaalan é um conjunto cativante de quinze histórias, cada uma intrincadamente tecida para criar uma tapeçaria de emoções, temas e narrativas interligadas. Esta coleção mergulha profundamente nas complexidades das emoções humanas, nas relações e na eterna busca do amor.

No seu início, o conto "Caravana da sede" apresenta aos leitores uma sociedade condicionada pelas normas sociais, destacando a privação de necessidades humanas fundamentais, ao mesmo tempo que abraça a energia da feminilidade e a arte da espera. Esta história serve de núcleo, em torno do qual orbitam as outras narrativas.

"Uma Mensagem para Deus" retrata de forma pungente o desespero e o anseio que muitas vezes se deparam com a rejeição. Esta história reflecte sobre o divino e as limitações da sua resposta às súplicas humanas, ilustrando como esses apelos apaixonados ficam muitas vezes por ouvir.

"The Rag" introduz uma noção intrigante de que as entidades não-humanas possuem emoções muito mais intensas do que muitos humanos. O filme justapõe a existência destes sentimentos poderosos com a apatia ou a ausência de tais sentimentos nos humanos, criando uma dicotomia estimulante.

"Heart for All Bodies" segue a viagem de uma mulher que procura um amor puro e autêntico, mas que o encontra constantemente em todas as pessoas que encontra, levando a um regresso inevitável ao ponto de partida da sua busca.

Finalmente, "A Inveja" conclui a coleção, ecoando o tema da eterna procura e dos desejos não realizados. Esta história reflecte de forma pungente o estado perpétuo de anseio e antecipação, simbolizado pela busca incessante da caravana pelo corpo ideal.

A narrativa magistral do escritor entrelaça emoções ricas, narrativas apaixonadas e temas instigantes ao longo da coleção. Cada história de "Caravana da sede" contribui para um padrão cíclico, ecoando a viagem de anseio e procura de realizaôo, apenas para regressar ao ponto de partida, deixando o leitor com uma sensação persistente de antecipação perpétua e desejos não resolvidos.

Através destas histórias, Sanaa Al Shaalan oferece aos leitores uma exploração profunda da condição humana, das relações e da busca duradoura do amor. A coleção funciona como um espelho refletor, convidando os leitores a contemplar as profundezas das suas próprias emoções e a eterna procura de realização na vida.

Conclusão

"Caravan of Thirst" transcende os limites comuns da narrativa, mergulhando os leitores num reino de profundidade emocional e contemplação. A coleção de Sanaa Al Shaalan ressoa com a essência do desejo humano, retratando personagens enredadas na intrincada teia de desejos, amor e aspirações não realizadas.

À medida que a caravana de histórias se desenrola, cada conto torna-se um capítulo na grande narrativa das emoções humanas. Através de uma prosa vívida e de uma narrativa profunda, Al Shaalan oferece uma reflexão pungente sobre a condição humana, convidando os leitores a atravessar os reinos da saudade, do amor e da busca incessante de contentamento. Esta coleção funciona como um espelho, reflectindo as complexidades da alma humana, deixando os leitores com uma contemplação persistente dos seus próprios anseios e da busca perene de realização na vida.

Bibliografia

Al-Attas, S. M. N. (1993). Islam and secularism. Kuala Lumpur: ISTAC.

Al-Dimasyqi, A.-I. A.-N. (2016). Syarh Shahih Muslim. Dar al-Kutub al-`Ilmiyyah.

Allen, C. (2013). Islamophobia. In Islamophobia. https://doi.org/10.4324/9781315745077-41

al-Maraghi, M. (2002). Tafsir al-Maraghi. Beirute: Darul Fikir.

Al-Qaradawi, Y. (2010). Islam an introduction. Kuala Lumpur: Islamic Book Trust.

al-Qurtubi, A. A. M. ibn A. (2014). Tafsir al-Qurtubi (Vol. 20). Beirute: Dar al-Kutub al-'Ilmiyah.

Al-Qushayri, I. (2018). Tafsir al-Qushayri. Dar Ihya' al-Turath al-Arabi.

Al-Rāzī, F. (2000). Al-Tafsīr al-Kabīr aw Mafātih al-Gayb, Vol. VII. Dar Al-Hadith.

Al-Sya'rawi, A.-I. A.-M. (2007). Tafsir Al-Sya'rawi. Qitha' al-Saqafah wa al-Kutub.

Al-Syawkani, M. bin A. (2014). Fath al-Qadir al-Jami' baina Fannai al-Riwayah wa al-Dirayah min 'Ilm al-Tafsir, Vol. 5. Dar Ibnu Hazim.

Al-Thabathaba'i. (1987). Tafsir Al-Mizan. Serviço de Publicações Islâmicas.

Al-Zuhaily, W. (2009). Al-Tafsir al-Munir fi al-Aqidah wa al-Syariah wa al-Manhaj. Dar al-Fikr.

APS (Psicologia Social Aplicada). (2017). O papel da religião na habilitação e redução do preconceito. Recuperado em 26 de dezembro de 2022, de https://sites.psu.edu/aspsy/2017/09/28/the-role-of-religion-in-prejudice-enablement-and-reduction/

Bakhshi Hazrat 'Alī Aḥmed e Rizwānur Raḥmān. (2012). Vislumbres do Alcorão Sagrado. (Nova Deli: Adam Publishers and Distributors).

Chelini-Pont, B. (2013). Relação entre Estereótipo e o Lugar da Religião na Esfera Pública. Em J. Svartvik, Jesper & Wiren (Ed.), Estereótipos religiosos e relações inter-religiosas (pp. 75-84). Palgrave Macmillan.

Geertz, C. (1977). The Interpretation of Cultures. Basic Books.

Geertz, C. (2013). A religião como um sistema cultural. In Anthropological Approaches to the Study of Religion (pp. 1-46). https://doi.org/10.4324/9781315017570

Hanafi, H. (2000). O Islão no mundo moderno: Religion, ideology and development vol. I. Cairo: Dar Kabaa.

Hanafi, H. (2006). Cultura e civilizações, conflito ou diálogo? Vol. I, o pensamento meridiano. Cairo: Book Center for Publishing.

Jafari, F. (2020). O conhecimento teológico no misticismo islâmico e no gnosticismo". Kanz Philosophia A Journal for Islamic Philosophy and Mysticism 6(2). DOI: https://doi.org/10.20871/kpjipm.v6i2.92.

Karama, M. J., & Khater, N. A. (2020). Teoria da paz educacional no Alcorão Sagrado. Al-Bayān - Journal of Qurʾān and Ḥadīth Studies, 18, 138-154.

http://scholar.ppu.edu/bitstream/handle/123456789/2214/1.pdf?sequence=1&isAllowed=y

Khairulnizam, M., & Saili, S. (2009). Diálogo inter-religioso: The qur'anic and prophetic perspective. Journal of Usuluddin, 9(2), 65-94.

Khaldun, I. (2015). Muqaddimah. Cairo: Dar-Ibnu al-Aitam.

Kidwai, Salim. (1996). Hindustani Mufassirein Awr Unki' Arabi Tafsirein (em urdu) .(Nova Deli:Maktaba Jamiah).

Kokan, Moḥammad Yousuf. (1960). Árabe e persa em Carnatic, (Madras: Hafiza House).

Ma'roof M M M. (1995). *Dialeto Tamil falado pelos muçulmanos do Sri Lanka: Language as Identity classifier*. Estudos Islâmicos 34 (4).

Nashir, H. (2015). Compreendendo a ideologia de Muhammadiyah. Imprensa da Universidade de Muhammadiyah.

Nieuwkerk, K. van, LeVine, M., & Stokes, M. (2016). O Islão e a cultura popular. University of Texas Press.

Patji, A. R. (1991). Os árabes de Surabaya: um estudo de integração sociocultural. Camberra: Universidade Nacional Australiana.

Putra, A. D., Purnomo, D., & Utomo, A. W. (2019). Estudo sociológico da harmonia na diversidade: Lições de Salatiga. Walisongo: Jurnal Penelitian Sosial Keagamaan, 27(1), 69-98. 10.21580/ws.27.1.3504

Ridwan, M., & Robikah, S. (2019). Visão ética do Alcorão: Interpretação do conceito de sociologia qur'anica no desenvolvimento da harmonia religiosa. Jurnal Ilmiah Islam Futura, 18(2), 308-326. http://dx.doi.org/10.22373/jiif.v19i2.5444

Sanaa Sha'lan, "Adore Me" (A'shaquni), Daira al-Maktaba al- Wataniyya, Reino Hachemita da Jordânia, terceira edição, 2016.
Shaalan, Sanaa, "Thirst Caravan Stories", Dar al-Waraq e Distribution/Jordânia, 2006.

Saerozi, M. (2017). Dinâmica do desenvolvimento da mesquita istiqomah em frente a uma igreja em Ungaran Central Java Indonésia. Jornal do Islão Indonésio, 11(02), 423-458. 10.15642/JIIS.2017.11.2.423-458

Saged, A. A. (2021). Honrar o ser humano com um estudo sobre a paz mundial à luz dos objectivos do Alcorão Sagrado. Quranika: Journal of Libahuts Qur'an, 19(2), 223-234.

Shareef, Moḥammed Muṣṭafa e Bad'iuddin Ṣabri. (2008). Development of Tafseer Literature in India, (Hyderabad: Osmania University).

Shihab, M. Q. (2004). Tafsir al-mishbah. Jakarta: Lentera Hati.

Shu'aib, Tayka. (1993). Arabic, Arwi and Persian in Sarandib and Tamil Nadu, (Chennai: Imaamul Aroos Trust).
Thabari, I. J. (1999). Tafsir al Thabari. Kairo: Dar al Fikr.

Zamakhsyari, M. I. U. al. (2012). Al-kassyaf 'an haqaiq al-tanzil wa 'uyun al-ta'wil fi wujuh al-ta'wil. Cairo: Dar al-Hadis.

Zubair, K M A Aḥamed. (2010). *Relação Tamil-Árabe*, ed. John Samuel G, (Chennai: O Instituto de Imprensa de Estudos Asiáticos).

Zubair, K M A Ahamed. (2012). *Eminent Scholars of Sheik Sadaqathullah Appa's Family and their contribution to Arabic and Islamic Studies,* (em árabe), Thaqafatul ḥind 54, (3&4).

Zubair, K M A Ahamed. (2013). *Qasaid al-Madaih al-Nabaviyya fi Tamil Nadu,* (em árabe), Thaqafatul ḥind 64, (4).

Zubair, K M A Aḥamed. (2017). Panegíricos do Profeta na literatura árabe, (Moldávia: Lambert Academic Publishing).

Printed by Books on Demand GmbH, Norderstedt / Germany